Learning to Get Along®

Respect and Take Care of Things

Respetar y cuidar las cosas

Cheri J. Meiners, M.Ed.

Ilustrado por Meredith Johnson
Traducido por Edgar Rojas, EDITARO

free spirit
PUBLISHING®

Library of Congress Cataloging-in-Publication Data
Meiners, Cheri J., 1957–
  Respect and take care of things = respetar y cuidar las cosas / Cheri J. Meiners, M.Ed. ; ilustrado por Meredith Johnson, traducido por Edgar Rojas.
     pages cm. — (Learning to get along series)
    Summary: "Bilingual English-Spanish early childhood book teaches children the importance of respect, responsibility, and stewardship. Presented in a social story format. Includes a section for adults with discussion questions, activities, and tips to reinforce improving social skills"— Provided by publisher.
  ISBN 978-1-63198-036-7 (paperback)
  1. Respect—Juvenile literature. 2. Responsibility—Juvenile literature. I. Johnson, Meredith, illustrator. II. Rojas, Edgar, translator. III. Meiners, Cheri J., 1957– Respect and take care of things. IV. Meiners, Cheri J., 1957– Respetar y cuidar las cosas. Spanish. V. Title. VI. Title: Respetar y cuidar las cosas.
  BJ1533.R4.M45 2015
  179'.9—dc23
                                                                                                    2015006991
ISBN: 978-1-63198-036-7

Reading Level Grade 1; Interest Level Ages 4–8; Fountas & Pinnell Guided Reading Level H

Edited by Marjorie Lisovskis
Translation edited by Dora O'Malley, EurUS Inc.

10 9 8 7 6
Printed in China
R18860219

Free Spirit Publishing Inc.
6325 Sandburg Road, Suite 100
Minneapolis, MN 55427-3674
(612) 338-2068
help4kids@freespirit.com
www.freespirit.com

Dedication

To Erika, who enjoys creating order and beauty

Dedicación

Para Erika a quien le encanta crear
orden y belleza

I'm learning to take care of myself
and things around me.

Estoy aprendiendo a cuidarme a mí misma y a cuidar
las cosas a mí alrededor.

2

I show respect
when I take care of things.

Demuestro respeto
cuando cuido las cosas.

After I use something, I put it where it belongs.
Everything has a place.

Después que utilizo una cosa,
la pongo de regreso en su lugar.
Todas las cosas tienen su lugar.

4 When I put things away, the room looks neat.
It feels comfortable.

Cuando pongo las cosas en su lugar,
la habitación se ve limpia. Se siente confortable.

And it's safe
when I keep things off the floor.

Y el lugar es seguro
cuando levanto las cosas del piso.

I can play with one thing at a time.

Puedo jugar con una cosa a la vez.

After I use something, I can put it where it goes.
Then we'll all know where to find it.

Después que utilizo una cosa,
puedo colocarla de regreso en su lugar.
Así todos sabremos dónde encontrarla.

8

I can help take care of things I use with others and things that someone else used.

Puedo ayudar a cuidar las cosas que utilizo con otros y las cosas que alguien más utiliza.

It can be fast and fun when we all help.

Puede ser rápido y divertido cuando todos ayudamos.

Some things need special care.

Algunas cosas necesitan un cuidado especial.

I can wash my hands and use things gently.
That way they won't get dirty or broken.

Puedo lavarme las manos
y utilizar las cosas con cuidado.

De esa manera no se ensuciarán o estropearán.

I can use things a long time,
and use only what I need.

Puedo utilizar cosas por
largo tiempo y utilizar sólo
lo que necesito.

Things last longer when I don't waste.

Las cosas duran más tiempo
cuando no las desperdicio.

I need to wait until I'm older to use some things.

Tengo que esperar a que crezca
para poder utilizar algunas cosas.

I can use other things safely
when I'm careful . . .

Cuando tengo cuidado
puedo utilizar otras cosas con seguridad . . .

or when someone older helps me.

o cuando alguien mayor me ayuda.

I can respect things around me, too.

También puedo respetar las cosas
que están a mí alrededor.

Wherever I go, I can leave things
the way I found them, or better.

Donde quiera que voy, puedo dejar
las cosas como las encontré
o en mejores condiciones.

When I pick up trash and litter,

Cuando recojo la basura y los desperdicios,

I help keep places beautiful.

ayudo a mantener los lugares hermosos.

I can recycle, too.

También puedo reciclar.

I can use things again or in a new way.

Puedo utilizar las cosas otra vez
o de una nueva manera.

People can trust me to leave their things alone.

La gente puede confiar en mi cuando dejan
sus cosas solas.

When I want to use something, I can ask permission.

Puedo pedir permiso cuando quiero utilizar algo.

If the person says it's okay, I'll be very careful.

Si la persona dice que sí, voy a tener mucho cuidado.

I show respect for people when I respect their things.

Demuestro que tengo respeto por la gente cuando respeto sus cosas.

Some things are private—just for one person.

Algunas cosas son privadas, sólo pertenecen a una persona.

HOMEWORK
TAREAS

I show that I'm responsible
when I leave those things alone.

Demuestro que soy responsable
cuando no tomo esas cosas.

I can take good care of things I use,
and respect all the things around me.

Puedo cuidar muy bien las cosas
que utilizo y respetar
todas las cosas
a mí alrededor.

When I do, everyone can enjoy them.

Cuando lo hago,
todos pueden disfrutarlas.

Ways to Reinforce the Ideas in
Respect and Take Care of Things

As you read each page spread, ask children:

- What's happening in this picture?

Here are additional questions you might discuss:

Pages 1–9

- What are some things you can do for yourself?
- What do you do with the (blocks, dolls, trucks, puzzles) when you finish playing with them?
- What might happen if you don't put things away? if things are left on the floor? *(Discuss safety issues as well as the possibility of items being lost or broken.)*
- Have you ever lost something? How did you feel? What did you do to find it? How could you make sure not to lose it next time?
- What are things that you take care of at home? at school?
- What can you put away even if you weren't the one to use it?
- What is respect? *(You might explain respect by saying: "When you respect something, you show that you think it's important. You take good care of it.")*

Pages 10–13

- What are some things that are special to you? What do you do so they don't get dirty or broken?
- What are some things that you can use carefully, and not waste? *(examples: toothpaste, toilet paper, glue, paints)* How can you keep using things a long time? *(examples: repair a bike tire, tape a ripped page, put things away so they don't get lost)*

Pages 14–17

- What are some things that only grown-ups or older kids should use?
- What are things that you can use carefully so you and others stay safe? *(You may wish to discuss care needed in using things like electrical appliances, scissors, stairs, bathtubs, medicine, umbrellas, bikes, and skates.)*

Pages 18–23

- What can you do to leave a place better than you found it?
- What can you do if you have trash and don't see a place to put it?
- What do you think would happen if everyone littered? if nobody littered?
- What things can be recycled where we live? How can you help recycle?

- If you had some items that weren't needed, what could you do with them? *(Discuss community recycling of things like paper and bottles, recycling and reusing margarine tubs and plastic bags, selling or donating outgrown clothing, and so forth.)*

Pages 24–31

- What things do people have (at school, at home) that are just for them? *(examples: backpacks, coats, papers, diaries, purses, mail)* What can you do to respect other people's things?
- What can you do if you ask to use something and the person says no? *(examples: do something else, ask to use it later)*
- What are some things that belong to everyone? How can you take care of those things?

Other "Neat" Ideas

Storing Toys

- Keep "messy" toys out of reach so they can be used only when you're able to monitor.
- Keep other items in easily accessible places so children can become responsible for taking care of them.
- Keep items with small parts in containers with lids or in resealable plastic bags.
- Let children sort a large box of buttons—first by color, then by size, shape, and number of buttons. Encourage children to start their own collections of items such as coins, stamps, rocks, or leaves that they can sort, organize, and enjoy taking care of.

Tidying a Cluttered Room

- Use a timer and give a time frame: "Put things away for five minutes."
- Have children count items as they pick them up.
- Suggest picking up all of one item at a time: "First put away all the blocks, then all the crayons."

Staying Clutter-Free

- Show children where things go, and allow time for cleanup after every activity.
- Teach children to put one item away before using another.
- Temporarily put away items that children routinely neglect to pick up.
- Assign chores such as washing a sink, cleaning whiteboards, sorting clean socks, or picking up litter at a park to teach responsibility and a sense of community.

"Respecting Things" Games

Read this book often with your child or group of children. Once children are familiar with the book, refer to it when teachable moments arise involving positive behavior or problems related to taking care of things that belong to them or to others. Make it a point to notice and comment when children act responsibly. In addition, use the following activities to reinforce children's understanding of how to respect and take care of things.

Signs of Respect for Things

Discuss things children can do to take care of their own and other people's things. Have children choose and draw pictures of one thing they can do to respect and take care of something. Post the signs in places where they will be reminders. For example, display a picture of a child putting away toys near a toy box.

"Put It Away" Matching Game

Materials: Magazines, index cards, scissors, glue, drawing pencils or fine-point markers

Preparation: Cut out 6–12 pictures from magazines of items you want to encourage children to put away. Glue the pictures to index cards. Draw or cut out pictures to make cards with "where it belongs" pictures (storage places) that match each item. *(examples: coat/hook, book/shelf, milk/refrigerator, socks/drawer, backpack/cubby, pencil/pencil can, crumpled papers/wastebasket)*

Directions: Place the cards facedown randomly on the table or floor. The first player turns over two cards, seeking a matching item and storage place. If the cards are not a match, the child turns them back over. Play continues, with everyone trying to remember the location of the cards. After finding a match, a child may turn over two more cards. When all cards are matched, children look at their cards and choose an item that they will remember to put away during the week.

"Where Does It Belong?" Board Game

Materials: Sheet of cardstock at least 11" x 14", marker, magazines, index cards, scissors, glue

Preparation: Make a gameboard by drawing a 4" x 6" rectangle in the center of the cardstock. Divide the remaining space into four sections and mark these with names of rooms or areas at home or school. If you wish, cut out pictures of appropriate furnishings and glue them in the rooms. Make flash cards of household or classroom items by drawing or cutting and pasting several items onto index cards. Flash cards for a bedroom might include a pillow, shoes, pajamas, and a toy, while those for an art corner might include an easel, a paintbrush, drawing paper, and an apron. Prepare at least four items for each of the four rooms.

Directions: Place the cards facedown in the center of the gameboard. Have a child draw a card. Ask, "Where does that belong?" Then ask, "How should you take care of it?" or "What is the safe way to use this?" If appropriate, also ask, "Is this safe to use alone?" After answering appropriately, the child may place the card in the room where it belongs. Hold out cards with pictures of items that children aren't sure about and discuss their care and use after the game. Children take turns until all cards are gone.

Responsibility Role Plays

Preparation: On index cards, write individual scenarios similar to the following. Place the cards in a bag.

Sample Scenarios:

- Olivia left her bike out in the rain.
- After lunch, Pierre brought his plate and glass over to the sink.
- Ayanna made her bed when she got up in the morning.
- Jack couldn't find his shoes when it was time to go to school.
- Sofia played a game at school and left it on the floor.
- When Wilson got undressed, he put his dirty socks in the hamper.
- Luul hung her coat on a hook in the closet when she came home from school.
- Ramón's baby sister dumped his toys all over the floor, and Ramón put them back in the toy box.
- Hannah jumped on the couch when Mom was in the other room.
- Andrew hung up his towel after taking a bath.

Level 1

Have a child draw a card. Read or have a child read it aloud. Ask, "Is this showing respect for things?" or "Is this person taking good care of things?" When the answer is yes, help the child act out the scenario. Set "no" cards aside in a pile.

Level 2

Have a child draw a card from the "no" pile (Level 1). Read or have a child read the card and ask: "What do you think will happen next?" "What can this person do next time (to show respect for things)?" Help the child role-play the revised version of the scene.

"Everything in Its Place" Game

Materials: 8½" x 11" cardstock paper, markers, magazines, scissors, clear adhesive paper, tape, self-fastening fabric; *optional:* dolls or action figures

Directions: Assist children in drawing a picture of a classroom or bedroom. Use markers and magazine cutouts to make storage pieces (desks, cubbies, beds, baskets, bureaus) as well as small items that typically belong in a room. *Examples:* For a bedroom, children might draw and cut out clothes to put in a drawer or hamper or on a hook; for a classroom they might cut out pictures of toys to go on a shelf or in a basket. Cover the picture of the room and the other items with clear adhesive paper. Attach storage pieces like drawers and baskets to the drawing by taping them on three sides, leaving the top open like a pocket to hold the items to be stored. Use self-fastening fabric to attach items to other storage places like hooks and shelves. Make a game of having children (or their dolls and action figures) put "everything in its place."

Maneras para reforzar las ideas en
Respetar y cuidar las cosas

A medida que lees cada página, pregunta a los niños:

- ¿Qué está sucediendo en esta ilustración?

Estas son otras preguntas adicionales que podrías hacer:

Páginas 1–9

- ¿Cuáles son algunas de las cosas que puedes hacer por ti mismo?
- ¿Qué haces con los (bloques, muñecos, camiones, rompecabezas) cuando terminas de jugar con ellos?
- ¿Qué podría suceder si no colocas las cosas en su lugar? ¿Si dejamos las cosas en el piso? *(Habla sobre el tema de la seguridad y también sobre la posibilidad de que las cosas se puedan perder o estropear).*
- ¿Se te ha perdido algo alguna vez? ¿Cómo te sentiste? ¿Qué hiciste para encontrarlo? ¿Qué puedes hacer para que no se te pierda otra vez?
- ¿Cuáles son las cosas que cuidas en tu casa? ¿En la escuela?
- ¿Qué cosa puedes poner en su lugar aun cuando tú no la estabas utilizando?
- ¿Qué es respeto? *(Podrías explicar el concepto de respeto diciendo: "Cuando demuestras respeto por algo, demuestras que piensas que eso es importante. Tu cuidas muy bien las cosas").*

Páginas 10–13

- ¿Cuáles son algunas de las cosas que son especiales para ti? ¿Qué haces para que no se ensucien o se estropeen?
- ¿Cuáles son algunas de las cosas que utilizas con cuidado y no las desperdicias? *(por ejemplo: crema dental, papel higiénico, pegamento, pinturas).* ¿Cómo puedes seguir utilizando estas cosas por un largo tiempo? *(por ejemplo: reparar la rueda de una bicicleta, reparar la hoja de un libro con cinta adhesiva, poner las cosas en su lugar para que no se pierdan).*

Páginas 14–17

- ¿Cuáles son algunas de las cosas que sólo deberían ser utilizadas por adultos o niños más grandes?
- ¿Cuáles son las cosas que puedes utilizar cuidadosamente para que tú y los demás puedan permanecer seguros? *(Aquí puedes hablar sobre la necesidad de tener cuidado al utilizar cosas como los aparatos eléctricos, las tijeras, las escaleras, las tinas de baño, los medicamentos, las sombrillas, las bicicletas y los patines).*

Páginas 18–23

- ¿Qué puedes hacer para dejar un lugar en mejores condiciones de cómo lo encontraste?
- ¿Qué puedes hacer si tienes algo de basura y no ves un lugar dónde depositarla?
- ¿Qué crees que sucedería si toda la gente tira basura en la calle? ¿Y si nadie tira basura en la calle?
- ¿Qué cosas pueden ser recicladas en el lugar donde vives? ¿Cómo puedes ayudar a reciclar?
- Si tienes algunas cosas que no necesitas, ¿qué puedes hacer con ellas? *(Habla sobre el reciclaje comunitario de cosas como el papel y las botellas, el reciclaje y la reutilización de recipientes de margarina y bolsas plásticas, vender o donar ropa usada y cosas por el estilo).*

Páginas 24–31

- ¿Qué tipo de cosas posee la gente (en la casa o en la escuela) que sólo les pertenece a ellos? *(por ejemplo: mochilas, abrigos, papeles, agendas, carteras, cartas).* ¿Qué puedes hacer para respetar las cosas de otras personas?
- ¿Qué puedes hacer si pides permiso para utilizar algo y la persona dice que no? *(por ejemplo: puedes hacer algo diferente, preguntar si puedes utilizarlo más tarde).*
- ¿Cuáles son algunas de las cosas que pertenecen a todas las personas? ¿Cómo puedes cuidar de esas cosas?

Otras ideas "poner en orden"

Guardando los juguetes

- Mantén los juguetes "desordenados" fuera del alcance de los niños para que sólo puedan ser utilizados cuando puedas monitorearlos.
- Mantén otras cosas al alcance de los niños para que ellos se vuelvan responsables por su cuidado.
- Mantén las cosas compuestas de partes pequeñas en recipientes con tapas o en bolsas plásticas que puedan cerrarse.
- Deja que los niños escojan botones del interior de una caja grande (primero que los escojan según el color, luego por el tamaño, la forma y la cantidad). Anímalos a que comiencen a hacer sus propias colecciones, como de monedas, estampillas, piedras u hojas que ellos puedan arreglar, organizar y disfrutar de su cuidado.

Arreglando una habitación desordenada

- Utiliza un cronómetro y dales un tiempo determinado. "Coloca las cosas en su lugar durante 5 minutos".
- Pide a los niños de cuenten las cosas a medida que las recogen.
- Sugiere que recojan las cosas de una sola clase a la vez: "Primero recoge todos los bloques, luego todos los crayones".

Manteniendo el lugar organizado

- Muéstrale a los niños dónde se ponen las cosas y dales tiempo para organizarlas después de cada actividad.
- Enséñales a poner cada cosa en su lugar antes de utilizar otra.
- Coloca en su lugar de manera temporaria aquellas cosas que los niños olvidan recoger con frecuencia.
- Asígnales tareas como lavar el lavamanos, limpiar las pizarras, separar los calcetines limpios o recoger la basura en el parque para enseñarles sobre la responsabilidad y el sentido de comunidad.

Juegos sobre "Respetar las cosas"

Lee este libro con frecuencia junto con tu niño o con un grupo de niños. Una vez que los niños se familiaricen con la lectura, practícala cuando se presenten momentos de aprendizaje que involucren un comportamiento positivo o problemas relacionados con el cuidado de las cosas que les pertenecen a ellos o a otras personas. Resalta y comenta cuando ellos actúan con responsabilidad. Además, utiliza las siguientes actividades para reforzar en los niños el concepto de cómo respetar y cuidar las cosas.

Imágenes para ilustrar el respeto por las cosas

Habla sobre las cosas que los niños pueden hacer para cuidar sus propias cosas y las de otras personas. Pide que escojan y dibujen algo que ellos pueden respetar y cuidar. Coloca estos recordatorios en lugares donde ellos pueden tenerlos en cuenta. Por ejemplo: coloca una foto de un niño recogiendo juguetes cerca de una caja de juguetes.

Juego de "guardar cosas" similares

Materiales: revistas, tarjetas, tijeras, pegamento, lápices para dibujar o marcadores de punta fina.

Preparación: Corta unas 6 a 12 fotos de revistas de cosas que quieres que los niños aprendan a guardar. Adhiere con pegamento las fotos a las tarjetas. Dibuja o corta fotos para crear tarjetas que indiquen "donde pertenece" (donde se guardan las cosas) para que coincidan con cada uno de los objetos. *(Por ejemplo: abrigo/gancho, libro/estante, leche/refrigerador, calcetines/cajón, mochila/compartimiento, lápiz/ contenedor, papeles/papelera).*

Instrucciones: Mezcla las tarjetas y colócalas bocabajo sobre una mesa o el piso. El primer jugador escoge dos tarjetas y las voltea para tratar de empatar un objeto con el sitio donde se debe guardar. Si las tarjetas no coinciden, el niño las voltea bocabajo de nuevo. El juego continúa y ahora todos los niños tratan de recordar la ubicación de las tarjetas. Después de encontrar la tarjeta correspondiente, el niño puede dar vuelta más tarjetas. Cuando se han formado todos los pares, cada niño mira sus propias tarjetas y escoge un objeto que recordará ponerlo en su lugar durante la semana.

Juego de mesa "¿Dónde pertenece?"

Materiales: hoja de cartulina de por lo menos 11" x 14", un marcador, revistas, tarjetas, tijeras y pegamento

Preparación: Fabrica un juego de mesa dibujando un rectángulo de 4" x 6" en el centro de la cartulina. Divide el espacio sobrante en cuatro secciones y márcalas con los nombres de las habitaciones o áreas de la casa o de la escuela. Si te parece, puedes cortar fotografías de los muebles apropiados y adjuntarlos con pegamento en las habitaciones. Fabrica tarjetas guías dibujando o cortando varias fotos de objetos caseros o que se encuentren en el salón de clase y adhiérelos a las tarjetas. Las tarjetas guías para la habitación pueden incluir objetos como una almohada, zapatos, piyamas y un juguete. En el rincón para trabajar en arte puedes incluir imágenes de un caballete, un pincel, papel de dibujo y un delantal. Prepara por lo menos cuatro objetos para cada una de las cuatro habitaciones.

Instrucciones: Coloca las tarjetas bocabajo en el centro del tablero. Pide a uno de los niños que escoja una tarjeta. Pregunta: "¿A dónde pertenece esto?" Pregunta de nuevo: "¿Cómo puedo cuidar esto?" o, "¿Cuál es la manera más segura de utilizar esto?" Si es apropiado, también puedes preguntar lo siguiente: "¿Es esto seguro para que lo utilice yo solo?" Después de contestar apropiadamente, el niño puede colocar la tarjeta en la habitación donde pertenece. Mantén a un lado las tarjetas con las imágenes que los niños no reconocen bien y habla sobre el cuidado y su uso después de terminar el juego. Los niños toman turnos hasta terminar con todas las tarjetas.

Situaciones de responsabilidad en el juego

Preparación: Escribe en las tarjetas situaciones similares a las siguientes. Coloca las tarjetas en una bolsa.

Ejemplos de situaciones:

- Olivia dejó su bicicleta afuera cuando llovía.
- Después de almorzar, Pierre dejó su plato y vaso sobre el lavaplatos.
- Ayanna arregló su cama después que se levantó en la mañana.
- Jack no pudo encontrar sus zapatos cuando era hora de ir a la escuela.
- Sofía jugó con uno de los juegos en la escuela y lo dejó en el piso.
- Cuando Wilson se quitó la ropa, puso los calcetines sucios en la cesta de la ropa sucia.
- Cuando Luul llegó a la casa de la escuela, usó un gancho para colgar su abrigo en el closet.

- La niñera de Ramón tiró todos sus juguetes en el piso y él los puso de nuevo en la caja de juguetes.
- Hannah saltó sobre el sofá cuando su mamá estaba en la otra habitación.
- Andrew colgó la toalla después que tomó una ducha.

Nivel 1

Pide a uno de los niños que seleccione una tarjeta. Léela o pide al niño que la lea en voz alta. Pregunta: "¿Esta imagen muestra respeto por las cosas?" o, "¿Está esta persona cuidando bien las cosas?" Cuando la respuesta es "sí", ayuda al niño a representar la situación. Coloca las tarjetas "no" en un grupo aparte.

Nivel 2

Pide a uno de los niños que seleccione una tarjeta del grupo "no" (Nivel 1). Léela o pide al niño que la lea en voz alta. Pregunta: "¿Qué crees que va a suceder después?" "¿Qué podría hacer esta persona la próxima vez (para demostrar respeto por las cosas)?" Ayuda al niño a interpretar la nueva versión de la escena.

Juego de "Todo en su lugar"

Materiales: papel de cartulina de 8½" x 11", marcadores, revistas, tijeras, papel adhesivo transparente, cinta, tela autoadhesiva; *opcional*: figuras de acción

Instrucciones: Ayuda a los niños a crear una imagen de un salón de clases o de una habitación. Utiliza los marcadores y los recortes de las revistas para crear piezas que se utilizan para guardar cosas (escritorios, cubículos, camas, cestos, cómodas) al igual que pequeños objetos que por lo general se encuentran en una habitación. *Ejemplos:* Para una habitación, los niños pueden dibujar y cortar ropa para guardar en el cajón, en la cesta de la ropa sucia o en un gancho. Para el salón de clases, pueden cortar fotos de juguetes que se guardan en un estante o en una canasta. Cubre la imagen de la habitación y los otros objetos con papel adhesivo transparente. Adhiere las imágenes de objetos que se usan para guardar cosas, como cajones y cestos, al dibujo con cinta adhesiva en sólo tres partes dejando la parte superior abierta a manera de bolsillo para que se puedan depositar los objetos a guardar. Utiliza la tela autoadhesiva para adherir objetos a los otros lugares para guardar, como ganchos y estantes. Plantea el juego de tal manera para que lo niños (o las figuras de acción) coloquen "todo en su lugar".

Acknowledgments

I wish to thank Meredith Johnson, whose charming illustrations resonate so well with the text, and Marieka Heinlen for the exuberant design. I appreciate Judy Galbraith and the entire Free Spirit family for their dedicated support of the series. I am especially grateful to Margie Lisovskis for her diplomatic style as well as her talented editing. I also recognize Mary Jane Weiss, Ph.D., for her expertise and gift in teaching social skills. Lastly, these books have been inspired by my children—especially Andrea, age six, as I have viewed life through her wise and innocent eyes.

Agradecimientos

Quiero agradecerle a Meredith Johnson por sus encantadoras ilustraciones que se combinan hermosamente con el texto y a Marieka Heinlen por su exuberante diseño. Todo mi aprecio a Judy Galbraith y a la familia de *Free Spirit* por su apoyo y dedicación por esta serie. Estoy especialmente agradecida a Margie Lisovskis por su diplomático estilo y su talento en la edición. También quiero reconocer a Mary Jane Weiss, Ph.D., por su pericia y don en la enseñanza de habilidades sociales. Finalmente, estos libros han sido inspirados por mis hijos, especialmente por Andrea que tiene 6 años, porque he visto la vida a través de sus ojos inteligentes e inocentes.

About the Author

Cheri J. Meiners, M.Ed., has her master's degree in elementary education and gifted education. The author of the award-winning Learning to Get Along® social skills series for young children and a former first-grade teacher, she has taught education classes at Utah State University and has supervised student teachers. Cheri and her husband, David, have six children and enjoy the company of their lively grandchildren.

Acerca de la autora

Cheri J. Meiners, M.Ed., tiene una Maestría en Educación Elemental y Educación Dotada. Es autora de la serie galardonada sobre el comportamiento social para niños, *Learning to Get Along®*, fue maestra de primer año, ha dictado clases de educación en la Universidad Estatal de Utah y ha supervisado a profesores practicantes. Cheri y su esposo, David, tienen seis hijos y disfrutan de la compañía de sus alegres nietos.

English-Spanish Early Learning Books from Free Spirit Publishing
Libros en Inglés/Español de Free Spirit Publishing para la temprana educación

The Learning to Get Along® Series (paperback, ages 4–8)
La serie *Learning to Get Along*® (libros de cubierta suave, 4–8 años)

The Best Behavior® Series (board books, ages 0–3; paperbacks, ages 4–8)
La serie *Best Behavior*®
(libros de páginas gruesas, 0–3 años; libros de cubierta suave, 4–8 años)

www.freespirit.com   800.735.7323
Volume discounts/Descuentos por volumen: edsales@freespirit.com
Speakers bureau/Oficina de hablantes: speakers@freespirit.com